Stickern & Anziehen

REITERHOF

illustrationen:
Denitza Gruber

ULLMANN

Pferdefreundinnen

Mia, Ida und Anna sind beste Freundinnen und große Pferdefans. Am liebsten würden sie jeden Tag auf dem Reiterhof Kirschblüte verbringen.

Anna macht die besten Flechtfrisuren. Sie liebt es, die Mähne von ihrem Pferd Charlie zu pflegen und zu kämmen.

Mia ist eine leidenschaftliche Springreiterin. Ihr Pferd Lucky und sie sind ein gutes Team.

Ida und ihr Pferd Wildfang verbringen jede freie Minute draußen. Gemeinsam haben sie schon viele Abenteuer erlebt.

Aufsatteln

Die Mädchen wollen zusammen ausreiten. Vorher müssen sie den Pferden Sattel- und Zaumzeug anlegen. Ida hilft Anna – gemeinsam geht es schneller. Charlie hält ganz still.

Ausritt

Die Sonne strahlt. Ida hat etwas ganz Besonderes geplant: einen Ausritt in den Wald und über Wiesen und Felder.

Picknick

Auf einer Wiese am Waldesrand haben die Mädchen ihre Picknickdecke ausgebreitet. Sie genießen die kurze Pause und stärken sich. Für die Pferde gibt es Äpfel und Möhren. Wildfang kann gar nicht genug davon bekommen.

Fellpflege

Anna und Mia haben Lucky zum Putzen vor dem Stall angebunden. Alles, was sie hierfür benötigen, befindet sich in Annas Putzkasten. Der ist mit vielen bunten Stickern beklebt, damit er nicht verwechselt werden kann. Mia striegelt das Fell, während Anna die Mähne kämmt.

Zeit zu zweit

Anna und Charlie verbringen viel Zeit miteinander. Heute möchte Anna ein Foto mit ihrem Liebling machen. Dafür hat sie wunderschöne Bänder in Charlies Mähne eingeflochten.

Ausmisten

Ida macht es Spaß, die Box auszumisten. Danach riecht es immer so gut nach frischem Stroh.

Reitstunde

Einmal in der Woche hat Anna Reitunterricht. Reitlehrerin Maria führt Charlie an der Longe, damit Anna ihren Sitz verbessern kann. Ida und Mia schauen aufmerksam zu.

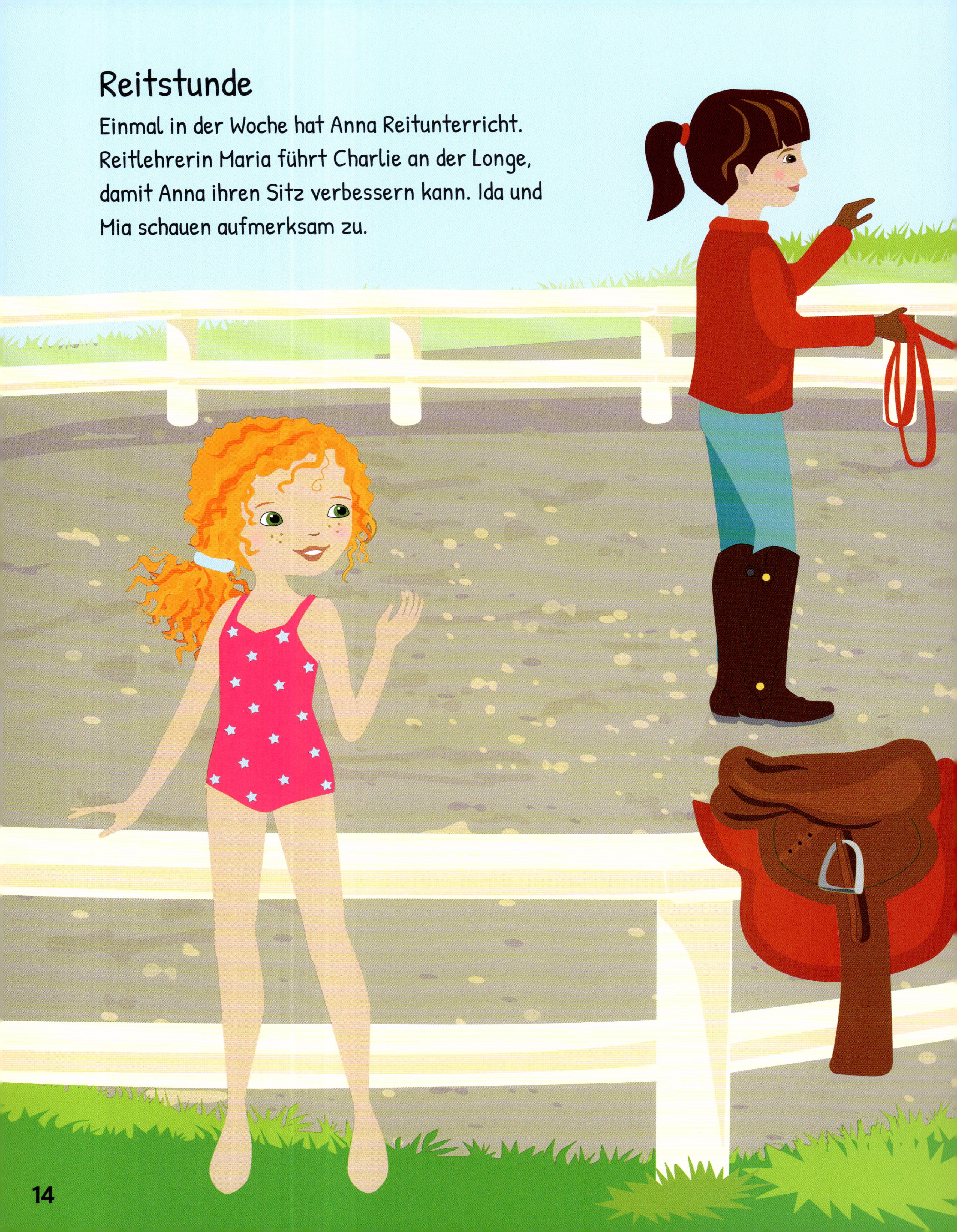

Springturnier

Die Mädchen nehmen an einem Springturnier teil. Sie haben ihre schicke Turnierkleidung an. Mia und Lucky sind in Bestform und meistern den Parcours fehlerfrei. Anna und Ida applaudieren begeistert.

Siegerehrung

Mia hat beim Turnier den ersten Platz belegt und einen großen, glänzenden Pokal gewonnen. Anna und Ida freuen sich über den zweiten und dritten Platz.

Hoffest

Das Hoffest steht dieses Jahr unter dem Motto „Wilder Westen".
Die Mädchen tragen Cowboystiefel und Cowboyhüte. Den Pferden haben sie breite Westernsättel angelegt.

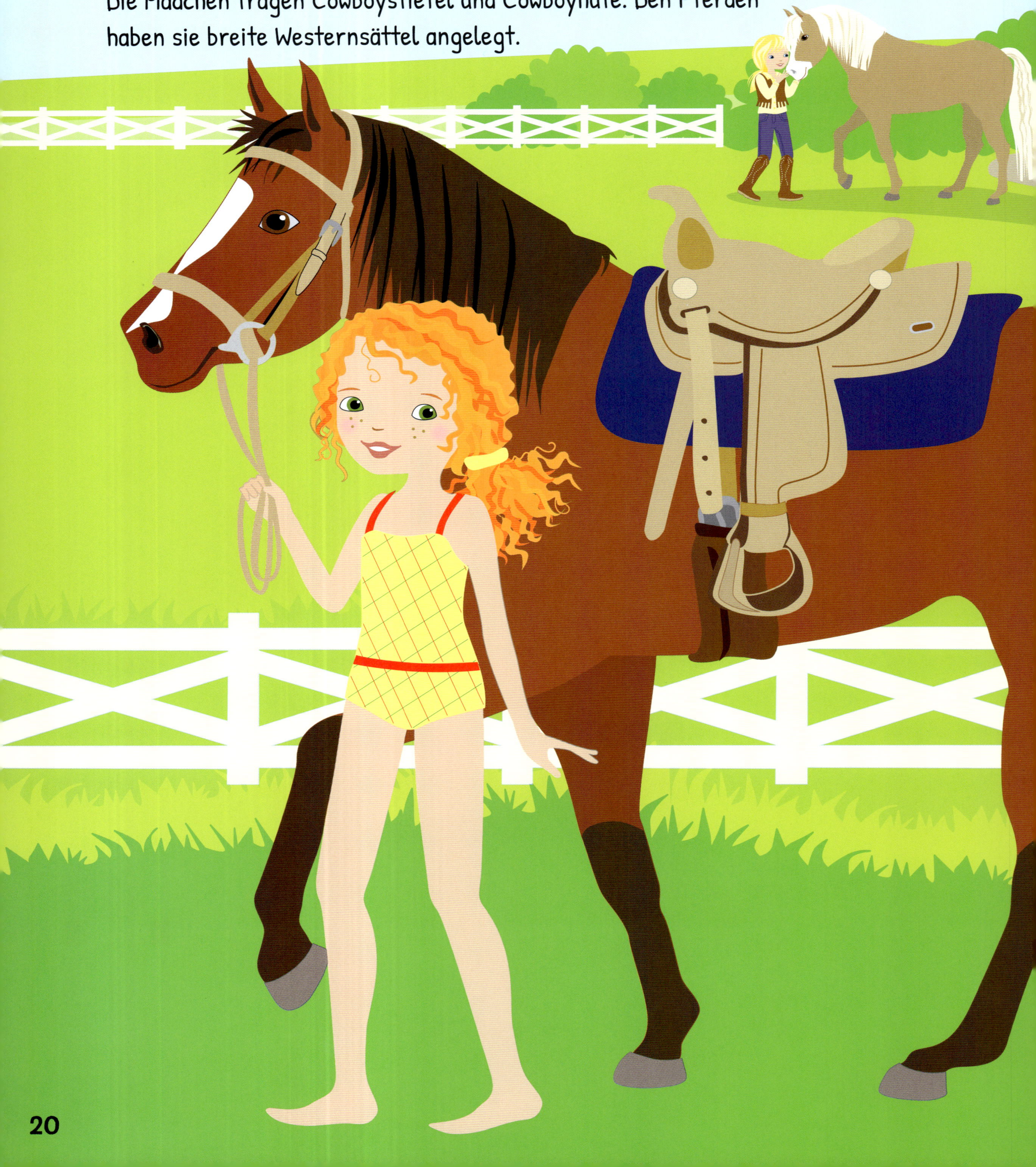

Party

Abends erleuchten bunte Lichterketten den Kirschblütenhof und die Mädchen tanzen zur Musik. Für den nächsten Morgen haben Anna, Mia und Ida bereits den nächsten großen Ausritt geplant.

Bilderrätsel

Findest du 11 Fehler im unteren Bild?

Lösung: 1. Blatt, 2. Baum im Hintergrund, 3. Eimer, 4. Vogel, 5. Haarschleife, 6. Reiterhose, 7. Blütenblatt, 8. Pferdebein, 9. Maus, 10. Kirschblütenzweig, 11. Fensterladen

Aufsatteln

Ausritt

Picknick

Fellpflege

Charlie
Wildfang
Lucky

Reitstunde

Springturnier

Siegerehrung

Hoffest

Party

Extrasticker